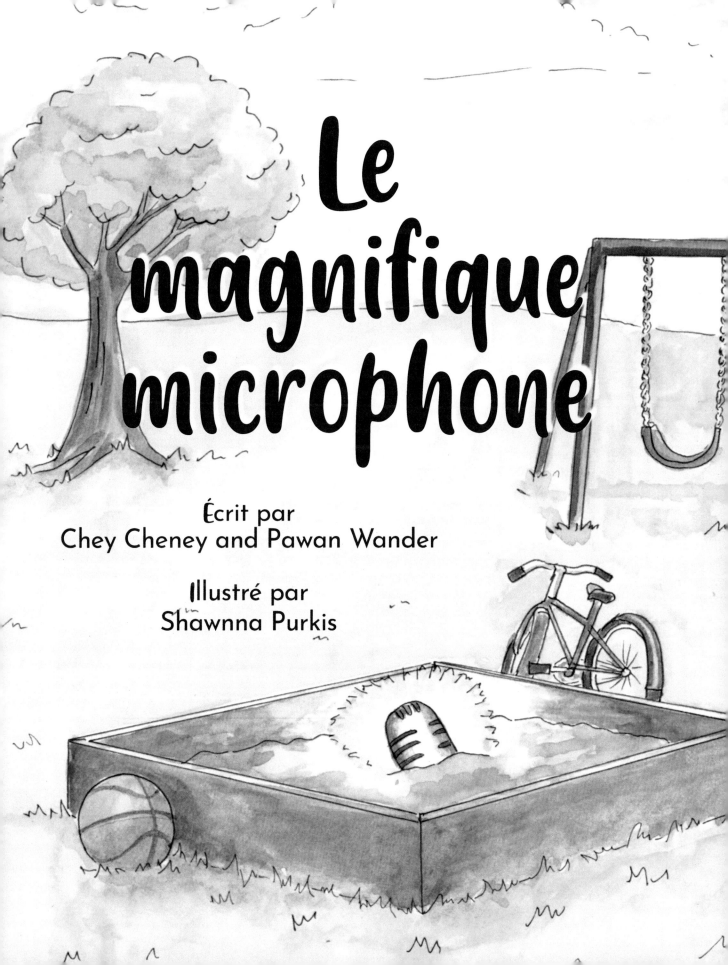

Le magnifique microphone

Écrit par
Chey Cheney and Pawan Wander

Illustré par
Shawnna Purkis

Le Magnifique Microphone

Illustré par Shawnna Purkis
Traduit par Monsieur Steve (Massa)

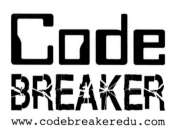

www.codebreakeredu.com

Ce livre appartient à

_____

Pour tous les enfants (grands et petits) dont les voix n'ont pas encore été entendues

Pav aimait partager des histoires sur des choses qui se passaient à l'école chaque jour. Le problème était que personne ne l'écoutait.

Elle parlait et parlait. Elle racontait les histoires les plus élaborées de ses fantastiques aventures de récréation et de déjeuner, et des jeux de classe de fin de journée de M. Jamieson. Mais personne n'a jamais fait attention. Cela la rendait parfois très triste. Pav avait l'impression d'être invisible - une fillette de neuf ans avec une voix que personne ne semblait entendre.

Chey avait une histoire similaire. L'élève de cinquième année avec beaucoup d'énergie a zippé et sauté partout. Il a bougé aussi vite qu'une tornade, mais personne n'a eu le temps ni la patience d'écouter les grandes idées qu'il avait à partager.

«Tu es trop plein d'énergie, Chey! Ralentissez et asseyez-vous tranquillement dans ta chaise!» Ses professeurs semblaient toujours penser que lorsque Chey était hors de sa chaise, il était une distraction pour les autres élèves. Il n'avait jamais vraiment eu l'impression que quelqu'un voulait le laisser s'exprimer.

Pav et Chey se sentaient tous les deux invisibles, mais de manières très différentes. Tout ce qu'ils ont toujours voulu faire, c'est exprimer ce qu'ils pensaient et que les gens les écoutent réellement.

Pav aimait parler de ses expériences et Chey avait les idées les plus créatives qui n'attendaient que d'être partagées.

Pav aimait faire du vélo dans le nouveau parc près de chez elle avec son jeune frère. Chey pouvait être trouvé n'importe quel jour de la semaine en train de jouer au basketball sur les terrains voisins.

«ET UNE! » cria-t-il en trébuchant sur Alex de l'autre équipe. «C'était une faute!»

Pav regardait curieusement de son vélo pendant que Chey prenait son lancer franc de la ligne. Elle pensait que la façon animée dont Chey jouait était drôle et amusante.

Bien que Chey n'était pas dans sa classe, Pav a reconnu sa personnalité charismatique et extravertie de la cour d'école. Elle l'a toujours considéré drôle et comme une sorte de tempête tropicale se déplaçant partout sur le terrain de basketball. «Allons-y!» cria le jeune frère de Pav alors qu'il la dépassait sur son vélo. «Je veux jouer dans le bac à sable!»

Pav venait de poser les pieds sur les pédales de son vélo lorsqu'un ballon de basket a roulé vers elle et a frappé les rayons de sa roue avant.

«Hé, pouvez-vous renvoyer ce ballon, s'il vous plaît?» cria Chey à bout de souffle mais pressé de continuer à jouer.

Pav est descendue de son vélo et a renvoyé le ballon vers les courts. «Merci!» Chey a fait un signe de la main et le jeu a repris alors que Pav remontait sur son vélo et se dirigeait vers le bac à sable pour rejoindre son petit frère.

Quand elle s'est finalement approchée du bac à sable, elle ne pouvait voir son frère nulle part. Elle regardait autour d'elle et appelait son nom, mais elle n'a pas pu le trouver. Chey l'a entendu crier et s'est précipité pour l'aider à le retrouver.

«Il est par ici!» Chey a pointé vers les balançoires. Le petit frère de Pav a souri et a signalé pour faire savoir à sa sœur qu'il allait bien.

«Les petits frères peuvent vous rendre fou, hein?» a dit Chey en courant vers Pav. «Le mien fait toujours la même chose!»

«Tu as un frère aussi?»

«Oui, mais il préfère jouer du piano que de jouer au basketball avec moi.»

«Je continue d'essayer de lui dire qu'une activité physique l'aidera à mieux bouger ses mains de piano, mais personne n'écoute jamais mes idées originales.» Chey a fait de drôles de petits crochets avec ses deux premiers doigts de chaque main quand il a dit originales, et cela a fait rire Pav à haute voix.

Toujours en riant, Pav s'est assise dans le bac à sable en hochant la tête en accord avec son nouvel ami. Elle n'avait pas non plus l'impression que quelqu'un l'entendait. Alors qu'elle bougeait ses doigts dans les grains de sable doux et apaisants pendant qu'il parlait, sa main s'est posée sur quelque chose de pointue.

«Aïe!» cria-t-elle en retirant rapidement sa main du sable. «Il ne devrait rien y avoir de pointu dans le bac à sable!» Elle baissa les yeux pour voir quelque chose de rond et métallique un peu sortant du sable.

«Ça ressemble à un microphone!» s'exclama Chey, alors que Pav sortait du sable un magnifique microphone radio à l'aspect antique.

«Wow, c'est tellement chouette!» s'écria Pav en retournant le micro entre ses mains. «Je me demande si ça marche! Je vais le ramener à la maison, le faire briller et le découvrir.»

«Hé, reviens demain et dis-moi si ça marche!» Chey s'est levé et a commencé à courir vers le terrain de basketball.

«Je vais! Je m'appelle Pav. Comment-t'appelles tu?»

«Je m'appelle Chey! À demain Pav!» Chey a disparu alors qu'il rejoignait ses amis. Pav s'est levée du sable avec le microphone, se demandant quel genre de magie il pouvait contenir.

Pav a passé cette soirée à nettoyer et à faire briller doucement le microphone. Elle a cherché les bons câbles pour le connecter à son ordinateur.

«J'espère que ça marche!» Et quand cette petite lumière bleue s'est allumée à l'arrière du microphone, Pav a senti quelque chose dans l'air changer. Il y avait un léger bourdonnement provenant de l'ordinateur. Elle a branché ses écouteurs et a immédiatement entendu sa respiration. «Wow,» murmura-t-elle, étonnée de voir à quel point tout sonnait clairement dans ses oreilles. «C'est génial.»

Pav a dit quelques mots. «Essai, essai 1-2-3. Je m'appelle Pav. J'aime lire des livres et j'aime sauter à la corde avec mes amis.» Elle a été étonnée de la douceur de sa voix dans le microphone. Pav s'est souvenue que son professeur lui avait montré comment enregistrer sa voix sur l'ordinateur pour écouter ses devoirs d'écriture, alors elle a pensé qu'elle allait essayer. Elle a appuyé sur le bouton d'enregistrement et a lu son paragraphe le plus récent expliquant pourquoi la pizza devrait être le dîner officiel du vendredi soir. Quand elle a arrêté l'enregistrement, un bouton est apparu sur l'écran qui disait «PARTAGER».

Curieusement, elle a cliqué sur le bouton et les adresses e-mail des membres de sa famille sont apparues. Elle a hésité un moment, mais a ensuite envoyé son nouvel enregistrement à ses parents. «Qui sait,» dit-elle en haussant les épaules, «peut-être que je vais en tirer de la pizza.»

Pav souriait en fermant son ordinateur portable et regardait la petite lumière bleue de son nouveau microphone disparaître. Pav s'endormit cette nuit-là en se sentant assez contente d'elle-même.

«Pav! » a appelé son père de la cuisine. Le lendemain matin, Pav a descendu les escaliers en courant, pensant qu'elle était en retard pour l'école.

«Beta», dit-il. Beta était ce que les parents de Pav l'appelaient depuis qu'elle était bébé. Cela signifiait enfant d'une manière très douce. «Ta mère et moi avons écouté ton enregistrement et nous avons pensé que c'était génial!»

«Tu as fait des remarques très valables sur la raison pour laquelle nous devrions manger de la pizza le vendredi, et ta mère était d'accord avec la partie «trop épuisée pour cuisiner.» C'était tellement drôle! J'espère que cela ne te dérange pas, mais nous l'avons partagé avec toute la famille dans le groupe de messagerie! Ils vont l'adorer! Bon travail, Beta.» Le père de Pav riait en parlant du petit test d'enregistrement de Pav.

Choquée et sans voix, Pav se versa un bol de céréales en réfléchissant à ce qui venait de se passer. «Attendez, mon père vient-il de m'écouter et d'être d'accord avec ce que j'avais à dire?» elle s'est dit, «Je me demande ce que ce microphone peut faire d'autre...»

Son esprit vagabondait alors qu'elle pensait à toutes les possibilités et à quel point elle était excitée de l'essayer à nouveau. Elle était impatiente de tout raconter à Chey plus tard au parc. «Il doit l'essayer aussi!»

Pav a couru à la maison après l'école et a emballé le microphone et ses câbles. Elle a sauté sur son vélo et s'est dirigée vers le parc, ravie de voir que Chey était déjà là en train d'échauffer son jump shot.

«Chey» cria-t-elle alors qu'elle commençait à pédaler plus vite, «Vous n'allez pas le croire!» Chey a arrêté de dribbler le ballon et a levé les yeux pour voir Pav foncer vers lui.

«Whoa», cria-t-il alors qu'elle arrêtait son vélo d'un coup, à six pouces de ses pieds. «Doucement, Bandit!»

«Hein?» répondit Pav, confus.

«Pas grave,» a-t-il dit. «Quoi de neuf?»

«Ce microphone,» s'exclama-t-elle entre ses halètements, «c'est MAGNIFIQUE!» Elle a poursuivi en lui racontant comment cela fonctionnait et la magie qu'il a créé ce matin-là dans sa cuisine. «Ça les a tous fait écouter! Chey, tu dois ramener ça à la maison et l'essayer!»

Chey a tenu à contrecœur le micro en l'air et a réfléchi au genre de magie qu'il contenait en réalité. «D'accord,» répondit-il, «je suppose que je vais l'essayer. Hé, puisque tu es là, tu veux faire quelques paniers?»

Ils ont joué au basketball ensemble jusqu'à l'heure du dîner.

Ce soir-là, Chey a branché le microphone sur son ordinateur.

«D'accord, micro, voyons ce que tu fais.» Il a branché ses écouteurs sur son ordinateur portable. Immédiatement, Chey sentit une vague d'énergie positive parcourir son corps alors que le son de sa respiration et de ses papiers traînants sur la table s'animait dans ses oreilles. Il avait hâte de parler dans le microphone, mais... qu'allait-il dire?

Le professeur de Chey avait dit à la classe qu'ils pouvaient soumettre leurs rapports de lecture sous la forme de leur choix, alors il a décidé de parler du livre qu'il venait de terminer de lire en classe. Son cœur s'est réchauffé lorsqu'il commença à parler, récitant toutes ses pensées et ses idées dans l'orbe métallique, et il fut surpris de voir à quel point il était facile pour lui de parler de ce qu'il avait appris. Lorsqu'il écrivait, Chey mélangeait beaucoup de mots et était frustré par l'orthographe. Il mélangeait toujours les lettres en les écrivant.

Mais parler, c'était quelque chose que Chey savait très bien faire!

Il a envoyé son enregistrement à son professeur et a sauté dans son lit. Il leva les yeux vers le plafond alors qu'il s'endormait et pensa nerveusement, mais avec enthousiasme, «Montre-moi ce que tu as, micro.»

À l'école le lendemain, M. Walsh a appelé Chey à son bureau. «C'est reparti, »pensa Chey, «qu'est-ce que j'ai fait cette fois?»

Alors qu'il s'approchait du bureau, il remarqua que M. Walsh portait des écouteurs et regardait son écran d'ordinateur.

«Oui, monsieur Walsh?» Même s'il devrait y être habitué maintenant, Chey était toujours nerveux lorsqu'il s'approchait du bureau du professeur. Son cœur battait vite.

«Chey, ton rapport de livre...» son professeur s'arrêta, et Chey déglutit, pensant qu'il avait raté son devoir...encore une fois, «c'est génial! J'ai écouté votre enregistrement trois fois et je suis émerveillé par vos pensées! Vous avez parlé d'éléments du livre auxquels je n'avais même pas pensé! Bravo! Tu as vraiment bien fait et je suis très fier de toi.»

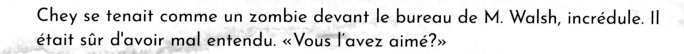

Chey se tenait comme un zombie devant le bureau de M. Walsh, incrédule. Il était sûr d'avoir mal entendu. «Vous l'avez aimé?»

«Aimé? Je l'ai adoré! Je ne t'ai jamais entendu exprimer tes idées comme ça auparavant. Seriez-vous capable de nous montrer comment enregistrer plus tard? J'ai pensé que nous pourrions commencer un balado de classe pour partager notre apprentissage avec le reste de l'école!»

«Euh, oui … je pense que je peux le faire, » puis Chey s'est souvenu que Pav était celui qui lui avait appris à enregistrer. «Il y a une fille dans la classe de M. Jamieson qui m'a aidé; on pourrait peut-être le faire ensemble?»

«J'adore le son de ça! Bon travail, Chey!»

Chey était tellement excité d'aller au parc ce soir-là qu'il avait du mal à se concentrer sur quoi que ce soit d'autre ce jour-là. Une fois arrivé, il a vu Pav et son frère près du bac à sable.

«Pav! PAV!» Chey a couru et s'est laissé tomber, pulvérisant du sable partout sur Pav. Elle a roulé des yeux, «Quoi de neuf, Ouragan?»

«Oh, j'aime ça !» Chey réfléchit une seconde au nouveau surnom avant de poursuivre, «Tu avais raison! Ce micro a tellement de puissance! En fait, M. Walsh a écouté ce que j'avais à dire. Tout cela grâce à sa MAGIE! M. Walsh m'a demandé de lancer un balado de classe, et j'ai demandé si tu pouvais m'aider avec ça. Veux-tu?»

Les yeux de Pav se sont illuminés à l'idée d'un balado. «C'est une idée tellement chouette! Et si on en créait un pour toute l'école?! Nous pouvons partager tout ce que nous apprenons dans nos cours et même interviewer des élèves, des enseignants, des parents et des membres de la communauté!»

Les idées entre les deux nouveaux amis ont coulé et coulé. Ils se sont assis dans le bac à sable jusqu'au coucher du soleil, parlant de toutes les choses qu'ils voulaient faire.

«Tu sais, Pav, » dit Chey, alors qu'ils se levaient tous pour rentrer à la maison, «nous n'avons pas besoin de parler seulement de l'école. Nous pourrions probablement utiliser ce microphone pour parler à tout le monde.

«Tout le monde?» Pav était un peu confus.

Chey a poursuivi, «Je suis sûr qu'il y a des gens qui veulent entendre parler de nos idées - pas seulement sur notre travail scolaire, mais sur tout ce qui se passe dans le monde entier.»

«Nous pourrions parler des enfants qui n'ont pas accès à l'eau potable, des filles qui ne vont pas à l'école, ou des personnes qui ne peuvent pas vivre en paix dans leur propre pays.»

«Vous avez raison,» a répondu Pav, «je sais que nous ne sommes que des enfants, mais nous sommes intelligents et nous avons aussi des voix.»

Chey et Pav ont convenu de se rencontrer le lendemain pour planifier comment apprendre aux enfants de leurs classes à utiliser leur nouveau magnifique microphone.

Pour la première fois, ils se sont sentis vus et entendus, et ils espéraient que d'autres enfants ressentiraient bientôt la même chose. Ce projet de balado ressemblait au début de quelque chose de spécial.

Chey et Pav reviendront.

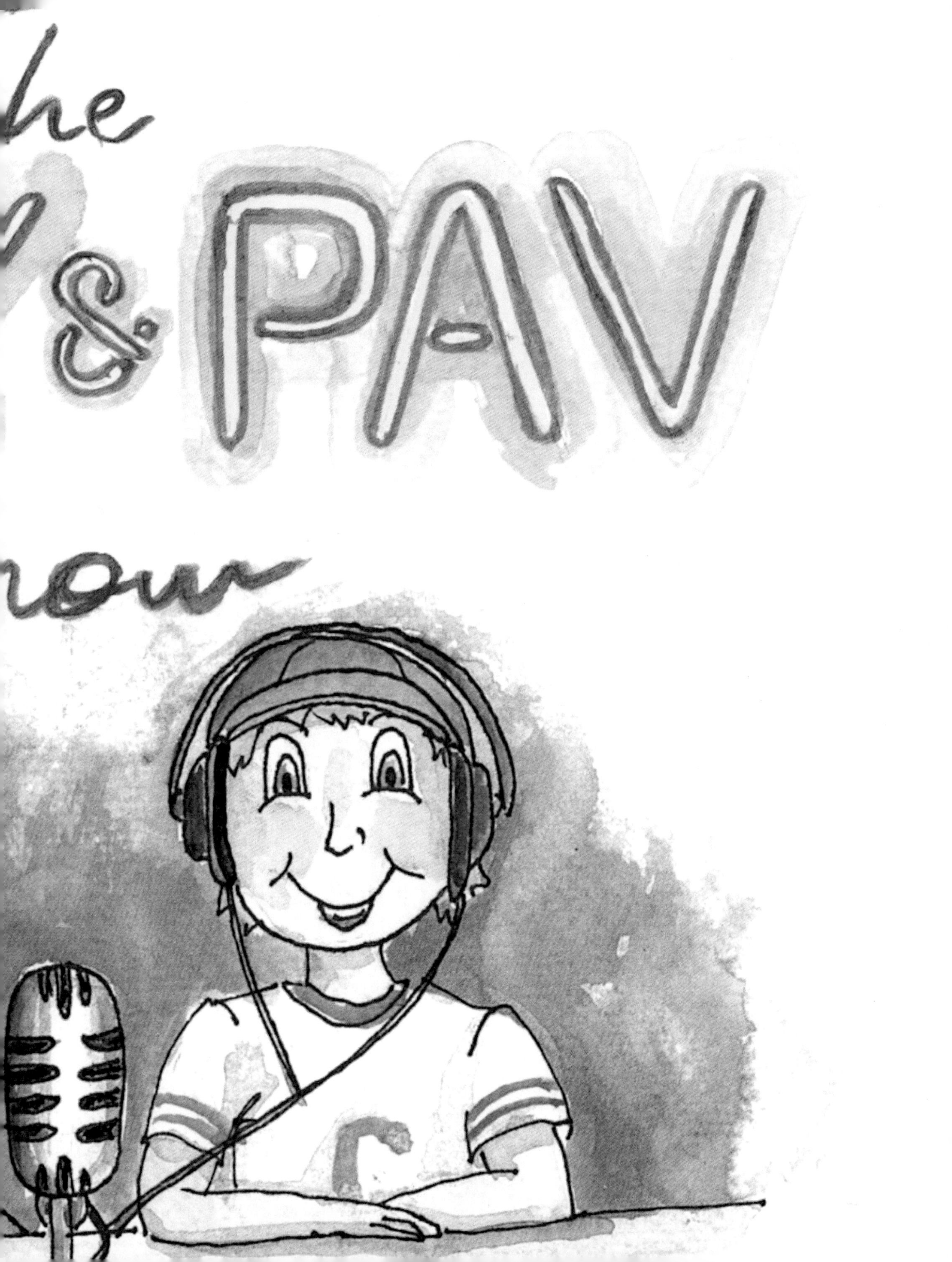
he
& PAV

À Propos des Auteurs

Chey Cheney et Pav Wander sont deux professeurs d'école intermédiaire de Toronto, au Canada. Ils ont une passion pour élever et amplifier la voix des étudiants tout en honorant les étudiants qui ont vécu des expériences et de l'identité. «The Chey and Pav Show» emmène les éducateurs et les auditeurs à travers les «tenants et les aboutissants» du domaine de l'enseignement, de l'apprentissage et du leadership. Avec leurs plaisanteries anecdotiques et invitantes, mêlées de perspicacité bienveillante, le public s'engage dans une conversation qui est sûrement révélatrice et percutante tout en s'attaquant à certains des problèmes réels et en constante évolution de l'éducation!

En savoir plus sur

CheyandPav.com

À Propos de l'Illustratrice

Shawnna Purkis est une enseignante et artiste vivant à Toronto, Canada. Elle enseigne à l'école intermédiaire de la communauté de Rexdale, au nord de Toronto, depuis 20 ans. Shawnna adore enseigner les mathématiques, les études sociales et les arts visuels, et a organisé des ateliers dans des écoles voisines pour intégrer les arts dans d'autres matières et programmes à l'école, notamment les sciences, la technologie, l'ingénierie et les mathématiques.

À Propos du Traducteur

Monsieur Steve est un professeur de français au primaire, YouTuber pour enfants et créateur de contenu Instagram vivant à Toronto, au Canada. Il enseigne l'immersion française depuis 12 ans au TDSB et crée du contenu sur YouTube et Instagram pour soutenir les étudiants et les éducateurs depuis 2020. Il a une passion pour la création d'espaces sûrs, l'égalité, et les sujets d'équité et de justice sociale. Il convient également de mentionner qu'il aime les chats et voyager!

Code Breaker Leadership Series

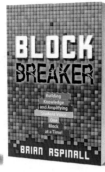

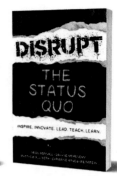

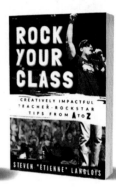

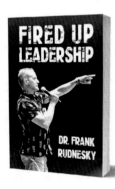

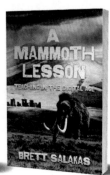

Code Breaker Kid Collection

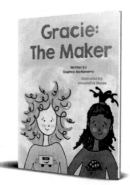

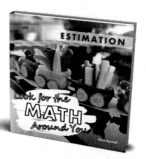

The FACTOR Library

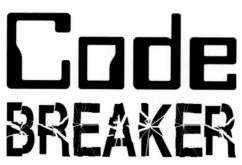

Manufactured by Amazon.ca
Acheson, AB

11148645R00029